DEVOCIONARIOS EUDISTAS:
VOLUMEN 5

EN EL UMBRAL
DE LA VIDA

PIADOSO EJERCICIO
PARA CELEBRAR SU CUMPLEAÑOS
por San Juan Eudes

Translated from the French
by Thomas Merton
Originally published 1946
(New York: P. J. Kenedy & Sons)

Edited by Maryann Marshall and Steven S. Marshall
Layout by Deanna Heitschmidt
Agradecimiento especial a Vicente Leal
y el p. Carlos Valencia B., CJM.

Imagen de la portada: una estatua de mármol de 40 toneladas de San Juan Eudes en la Basílica de San Pedro. Tallada en 1932 por Silvio Silva, esta es una de las 39 grandes estatuas alrededor de la nave y los transeptos de la Basílica en honor a los fundadores de grandes órdenes religiosas.

Texto extraído del *Vida y reino de Jesús en las almas cristianas* (1956). Usaquen-Bogotá: Editorial San Juan Eudes.

Imprimi Potest
Camillus Macías, CJM
Praepositus Provincialis
Bogotæ, die 2ª Aprilis, 1956

Nihil Obstat
Theodorus Hernández F., CJM

Imprimatur
Ludovicus Pérez Hernández
Epp. Aux. Vic. Gen.
Bogotæ, die 22ª Maii, 1956

ISBN: 978-1-7330674-4-7

Publicado por

744 Sonrisa Street
Solana Beach, CA 92075
www.eudistsusa.org

Tabla de contenidos

Introducción

N adie tiene el uso de la razón en su nacimiento, y pocos pueden ejercer la razón en su Bautismo, ya que muchos de nosotros fuimos bautizados como bebés. San Juan Eudes invita, incluso insiste, a que cada año en los aniversarios de estos eventos se renueve nuestra devoción a Jesús. En La vida y el reino de Jesús, el padre Eudes ofrece este pasaje sobre la devoción cristiana. Continúa después de este pasaje para hablar de la formación de Jesús en el alma cristiana. Más adelante en el mismo trabajo, el santo ofrece consejos sobre la conmemoración de estos aniversarios importantes. De la propia pluma de San Juan Eudes:

La verdadera devoción cristiana

Después de lo que se ha dicho hasta ahora sobre las virtudes cristianas, es fácil ver qué es la verdadera devoción cristiana y en qué consiste. Dado que todas las virtudes cristianas no son más que las virtudes que nuestro Señor Jesucristo practicó en la tierra, que debemos continuar mientras estamos en este mundo, necesariamente se sigue esa verdadera devoción cristiana. Es simplemente la devoción santa y divina de Jesucristo, que estamos obligados a perpetuar y cumplir en nosotros mismos.

Ahora, para nuestro Señor Jesucristo, la devoción era una cuestión de lograr, con la mayor perfección, todo lo que Su Padre quería, y de tomar todo Su placer en esto solo. Su devoción consistió en servir a Su Padre celestial, y en servir incluso a los hombres por amor a Su Padre, ya que Él quería tomar la forma y la condición humilde de un siervo para rendir más honor y homenaje a la suprema grandeza de Su Padre. Su propia humillación. Su devoción consistió en amar y glorificar a Su Padre y en hacer que Su Padre fuera amado y glorificado en el mundo; de hacer todo lo que hizo puramente para la gloria y el amor de su Padre con las disposiciones más santas, puras y divinas, es decir, con la más profunda humildad, la caridad más ardiente para los hombres, el desprendimiento más perfecto de sí mismo y de todos cosas creadas, la unión más cercana con su Padre celestial, la sumisión más rigurosa a la voluntad de su Padre, y con todo gozo y satisfacción. Finalmente, su devoción consistió en ser totalmente inmolado y sacrificado puramente para la gloria de su Padre, ya que quería asumir el papel de víctima, y en esta capacidad de sufrir todo tipo de desprecio, humillación, privación, mortificación interior y exterior, y finalmente una muerte cruel y vergonzosa por la gloria eterna de su divino Padre.

Estas eran tres profesiones solemnes, tres votos, por así decir, pronunciados por Jesús desde el momento de la encarnación. Estas las llevó a cabo más perfectamente en su vida y en su muerte.

1. En el momento de su encarnación, prometió obediencia a su Padre, es decir, hizo la profesión de nunca hacer su propia voluntad, sino de obedecer perfectamente todo lo que Su Padre quisiera, y encontrar al hacerlo toda su dicha y alegría.

2. Profesó la servidumbre a su Padre. Este es el carácter que le dio Su Padre, hablando a través de un profeta: "Tú eres mi siervo, oh Israel, porque en ti me gloriaré" (Isaías 49: 3). Este es el carácter que Él mismo adopta: "... la forma de un siervo" (Fil. 2: 7), rebajándose al estado y condición de una vida humilde y servil con respecto a Sus criaturas, incluso a los crueles. Vergüenza y muerte servil de la cruz, por amor a nosotros y por la gloria de su Padre.

3. Profesó convertirse en un anfitrión y una víctima totalmente consagrada e inmolada a la gloria de su Padre desde el primer momento de su vida hasta el último.

Tal fue la devoción de Jesús. Dado que la devoción cristiana es simplemente la devoción de Jesucristo, nuestra propia devoción debe, por lo tanto, consistir en votos similares de sumisión. Para hacerlo así, debemos entrar en el contacto y la unión más íntimos y más íntimos con Jesús, y adherirnos a Él más de cerca, concentrándonos en Él toda nuestra atención, durante toda nuestra vida, en todas nuestras funciones y actos.

Este es el voto solemne, la primera y más importante profesión pública, que se hace en el Bautismo en presencia de toda la Iglesia. En ese momento, para usar los términos de San Agustín, la Suma de Santo Tomás y el Catecismo del Concilio de Trento, hicimos un voto solemne y una profesión para renunciar a Satanás con todas sus obras y estar unidos con Jesucristo como los miembros son uno con la cabeza, para entregarnos y consagrarnos completamente a Él y para morar en Él. Un cristiano que profesa adherirse a Cristo y morar en Él, profesa adherirse a su devoción, sus disposiciones, sus intenciones, sus leyes y reglas de conducta, su espíritu y su comportamiento, su vida, sus cualidades y sus virtudes, y todo lo que hizo y sufrió.

2

Por lo tanto, cuando prometemos adherirnos a Jesucristo y morar en Él, este es "el mayor de todos nuestros votos", dice San Agustín.

Hacemos tres grandes profesiones, que son muy sagradas y sublimes, que merecen consideración frecuente.

1. Profesamos, con Jesucristo, nunca hacer nuestra propia voluntad, sino someternos a todo lo que Dios quiera, obedecer a personas de todo tipo, en lo que no sea contrario a Dios, y buscar toda nuestra satisfacción y dicha celestial al actuar. entonces.

2. Profesamos la servidumbre a Dios y a Su Hijo Jesucristo, y a todos los miembros de Jesucristo, de acuerdo con las palabras de San Pablo: "... nosotros mismos sus siervos por medio de Jesús" (II Cor. 4: 5). Como consecuencia de esta declaración, ningún cristiano puede llamar a algo suyo, como tampoco lo puede hacer un esclavo. El cristiano tampoco tiene derecho a hacer uso de las facultades de su alma, de su vida, de su tiempo diario o de sus bienes temporales, excepto Jesucristo y los miembros de Jesucristo, es decir, todos los que creen en Él.

3. Profesamos convertirnos en víctimas continuamente sacrificadas para la gloria de Dios: "... sacrificios espirituales ..." (1 P. 2: 5), como lo expresa San Pedro, el príncipe de los Apóstoles. San Pablo dice: "Os suplico, hermanos, por la misericordia de Dios, que presenten sus cuerpos como sacrificio vivo, santo, agradable a Dios" (Rom 12: 1). Lo que se dice aquí de nuestros cuerpos también se debe decir de nuestras almas. Por lo tanto, estamos obligados a glorificar y amar a Dios, en proporción a todos los poderes de nuestro cuerpo y alma, a hacer todo lo posible para que Él sea glorificado y amado, y en todos nuestros actos y en todas las cosas para buscar nada más que solo Su gloria. , Su amor solo, y vivir de tal manera que cada vida cristiana pueda ser un sacrificio incesante de alabanza y amor. Deberíamos estar listos para ser completamente inmolados y consumidos para Su gloria.

En una palabra: "El cristianismo es la profesión de la vida de Cristo", dice San Gregorio de Nisa.

San Bernardo nos asegura que nuestro Señor no admite las filas de los profesos en su religión. Cualquiera que no viva su vida: "... no cuenta entre los que profesan su nombre. Los ve como desertores."

Por eso profesamos a Jesucristo en el santo bautismo. Profesamos la vida de Cristo, la devoción de Cristo, sus disposiciones e intenciones, sus virtudes y su desprendimiento perfecto de todas las cosas. Profesamos creer firmemente todo lo que enseña, ya sea por sus propias palabras y ejemplo o por medio de su Iglesia, y elegir la muerte antes de desviar, aunque sea poco, de esta creencia. Profesamos unirnos a Él en una lucha hasta el final con el pecado; vivir como vivió, en un espíritu de oración ininterrumpida; para llevar su cruz con él, así como para llevar su mortificación en nuestros cuerpos y almas; continuar la práctica de su humildad, su confianza en Dios, su sumisión y obediencia, su caridad y celo por la gloria de su Padre y la salvación de las almas. Profesamos vivir, en la tierra y en el cielo, solo para pertenecer a Jesús y amarlo y honrarlo en todos los estados y misterios de su vida, en todo lo que es, en sí mismo y en el universo. Finalmente, profesamos estar siempre listos para sufrir toda forma de tortura y morir mil muertes, si fuera posible, puramente por su amor y por su gloria.

Tales son los votos y profesiones hechas por todos los cristianos en su bautismo. Esto es lo que constituye la verdadera devoción cristiana. Cualquier otra devoción, si es posible que exista cualquier otra, es un mero engaño y perdición.

Ejercicio Piadoso Con Motivo De Nuestro Cumpleaños

Deberes que hubiéramos debido tributar a Dios en el momento de nuestro nacimiento, si no hubiéramos carecido entonces del uso de la razón.

Yo no puedo contentarme con decírtelo y tú jamás te cansarás de oírlo y de meditarlo, tan importante es esta verdad, considerando a Jesucristo, nuestro Jefe y Cabeza, cuyos miembros somos nosotros, que pasó por todos los estados y condiciones de nuestra vida mortal, ejecutó casi todas nuestras acciones y realizó todas sus obras, así internas como externas, para sí y para nosotros al mismo tiempo, la perfección y santidad del cristiano consisten, en entregarnos y en unirnos sin cesar a él en calidad de miembros suyos, y en continuar haciendo lo que él hizo y como él lo hizo, con las mismas disposiciones e intenciones suyas, y en configurar en todo nuestra conducta con la de Jesús, en imitar cuidadosamente todos sus ejemplos, sin apartarnos jamás de nuestro divino Modelo y Maestro: Cristo, Nuestro Señor.

La perfección y santidad cristiana consiste igualmente en ejecutar todos nuestros ejercicios interiores, no sólo para nosotros mismos, sino, a imitación de Jesús, para todo el mundo, y de manera particular para aquellas personas con las que tenemos vínculos especiales de sangre, gratitud o amistad.

Tan poco debemos echar en olvido a este respecto a la Santísima Virgen, quien igualmente es nuestro modelo y ejemplar de vida cristiana. Pero, mejor entenderás todo esto, por medio del siguiente ejercicio que te ayudará muchísimo a cumplir con Dios los deberes que hubieras debido realizar desde el primer momento de tu vida y aún desde el seno de tu madre, si hubieras entonces podido hacerlo y de no haber carecido en tal ocasión del uso de la razón.

Elevación a Jesús con motivo de nuestro nacimiento

1) «Jesús, te adoro en tu nacimiento eterno y en la divina residencia que desde toda la eternidad fijaste en el seno de tu Padre. Te adoro igualmente en tu concepción temporal en las purísimas entrañas de la Virgen María, en la morada que por nueve meses estableciste en su regazo y en tu nacimiento al término de dicho plazo.

Adoro y venero profundamente todas las grandezas y maravillas propias de estos misterios de tu amor y todas las disposiciones santas de tu adorable persona en esas circunstancias.

Adoro, bendigo y amo con toda mi alma todos tus actos de adoración, de amor, de bendición, de alabanza y de consagración de tu Persona a tu Padre, y todos los demás actos y ejercicios divinos que practicaste en honor del mismo.

2) Yo te adoro y glorifico, bondadoso Jesús, como autor de todas estas grandezas y maravillas para ti, para mí y para todo el mundo; me doy y me uno a ti, amado Jesús, para hacer ahora contigo, a propósito de mi nacimiento y de mi estadía en el seno de mi madre, lo que tú hiciste con motivo de tu nacimiento eterno y temporal, y de tu residencia eterna en el seno del Padre y de nueve meses en el de tu Madre dignísima, y me entrego y me uno a ti para hacer esto como tú lo hiciste, es decir, con el mismo amor, con la misma humildad, pureza y demás santas disposiciones que tuviste en todo ello.

Y, puesto que lo hiciste, para ti mismo, para mí y para todos los hombres, de la misma manera, en honor de tu ardentísima caridad para conmigo y para con todos los hombres del mundo, yo deseo hacer este ejercicio no sólo para mí, sino también en nombre de mis amigos y en general de todos mis semejantes.

Yo quiero, si te parece bien, Salvador mío, ahora, en cuanto esté a mi alcance con el auxilio de tu gracia, cumplir contigo todos los deberes que hubiera debido hacerte, si hubiera tenido desde el momento de mi concepción el uso de la razón, con ocasión de mi nacimiento.

Deseo también rendirte todos los homenajes de adoración, alabanza, amor y gratitud que con idéntico motivo hubieran debido rendirte mis amigos y todos los hombres del mundo, habidos y por haber, y aun los que hubieran debido manifestaros los ángeles malos en el momento de su creación, y , aún más, los que hubieran debido

7

exteriorizarte todas las creaturas del universo que fueron, son y serán, en el preciso instante en que de ti recibieron, reciben y recibirán el ser y la vida, si hubieran sido capaces de conocerte, amarte y bendecirte por tan insigne beneficio.

Con este fin, me entrego, buen Jesús, una vez más a ti. Ven a mí, atraedme a ti, úneme a ti para que en ti y contigo pueda yo cumplir todos estos deseos sólo por tu gloria y por único agrado.

3) Unido, pues, a la devoción, amor, humildad, pureza y santidad y a las otras disposiciones divinas con que has honrado, has bendecido, has amado y as glorificado a tu Padre Eterno, en tu nacimiento eterno y temporal y en tu residencia eterna en el seno de tu Padre, y de nueve meses en el de tu Madre, yo te reconozco, te adoro, te amo, te bendigo y te glorifico, con tu Padre y con tu Espíritu Santo, como a mi Dios, a mi Creador y a mi soberano Señor.

Y te adoro, te amo, te bendigo y te glorifico también en nombre y de parte de todas las creaturas angélicas, humanas, irracionales e insensibles.

Y, si fuera posible, yo quisiera tener en mí todas sus fuerzas y toda la capacidad que ellas tienen o habrían podido tener de glorificarte y de amarte, para emplearlas ahora en darte estos homenajes por mí y por ellas, y particularmente por aquellas de las que debo y quiero tener un cuidado especial ante tu Divina Majestad.

4) ¡Gracias infinitas te doy, Dios mío!, por mí y por todas las criaturas, especialmente por mis amigos, por el hecho de habernos otorgado el ser y la vida, y un ser capaz de conocerte y amarte y por habernos conservado la vida en el seno de nuestra madre antes del santo Bautismo.

Pues, ay!, de no haber sido así, si hubiéramos muerto en tal estado, como tantos otros, antes de verse libres del pecado original por el santo Bautismo, jamás hubiéramos visto tu divina faz y por siempre nos hubiéramos visto privados de tu santo amor. Oh, ¡que todos tus Ángeles te bendigan por toda la eternidad por tan señalado favor!

5) Creador mío, no me has concedido el ser y la existencia sino para consagrarlos a tu servicio y a tu amor. Y por tanto, te consagro y te sacrifico mi ser y mi vida, enteramente con la vida y con el ser de todos los Ángeles, de todos los hombres y de todas las criaturas, declarándote, en cuanto a mí se refiere, que ya no quiero existir ni vivir sino para servirte y amarte con toda la perfección que me pides.

6) Dios mío, qué motivo de humillación y de pena es para mí el pensar que durante los primeros meses de mi vida yo he sido enemigo tuyo y amigo de Satanás, y que, entonces vivía en un estado permanente de pecado que te desagradaba y ofendía infinitamente.

Por eso te pido humildemente perdón, Señor mío, y en satisfacción te ofrezco, Padre de Jesús, toda la gloria que tu amadísimo Hijo te dio con su permanencia eterna en tu seno paternal y durante los nueve meses de su concepción temporal en el de su dignísima Madre la Virgen María. Y a ti, Jesús, te ofrezco todo el honor que tu Madre te dio con su residencia en las entrañas de su madre Santa Ana.

7) Benignísimo Jesús, en honor y unión del mismo amor con que aceptaste y soportaste todas las cruces y miserias que tu Padre o presentó en tu nacimiento temporal, te ofrezco todas las penas y miserias de mi nacimiento y las que me reserve el resto de mi vida, las acepto y estimo por tu amor y te ruego que las recibas en homenaje de las tuyas.

8) Mi Jesús, te consagro el estado de mi nacimiento y el de mi permanencia en el seno materno, y te suplico que, por tu infinita misericordia, borres cuanto, en esas situaciones hubo de ingrato y

ofensivo hacia tu divina Majestad, y suplas mis defectos dando a tu Padre y a ti mismo todo el honor que yo hubiera debido darte, si yo hubiera estado en condiciones de hacerlo, y que hagas que todo este estado rinda homenaje de gloria inmortal al estado divino de tu morada en el seno de tu Padre Eterno y en el de tu Santísima Madre, así como también al de tu nacimiento tanto eterno como temporal.

9) Salvador mío, estos son los deberes que hubiera yo debido cumplirte, si hubiera sido capaz desde mi nacimiento, y aún desde mi concepción en el seno de mi madre, y que ahora pretendo cumplirte, aunque demasiado tarde e imperfectamente.

Más, lo que me consuela inmensamente, querido Jesús, es el saber que con tu nacimiento temporal supliste con creces mi incapacidad y mi deficiencia. Entonces, efectivamente le diste a tu Padre todos estos homenajes, al hacer santa y divinamente todos estos actos y ejercicios espirituales, en tu nombre y en el mío también, al adorar, al glorificar, al amar y al agradecer a tu Padre celestial por ti y por mí al mismo tiempo.

Dedicaste y consagraste a su gloria todo tu ser y tu vida presente y futura junto con mi ser y con mi vida, y con el ser y la vida de todas las creaturas del universo que han existido y existirán, que en realidad te pertenecen puesto que el Padre te ha entregado todo, según tus propias palabras: «Todo me lo ha entregado mi Padre» (Mat 11, 27).

Ofreciste también a tu Padre el estado santo y divino de tu permanencia en las purísimas entrañas de la Santísima Virgen con amor indecible, en reparación de la ofensa que debía causarle por la presencia del pecado original todo el tiempo de mi concepción en el seno de mi madre.

Y en el momento en que aceptaste y ofreciste a tu Padre todas las cruces y sufrimientos que la vida te reservaba, también le ofreciste todas las penas y aflicciones pasadas, presentes y futuras de todos tus miembros, pues es propio de la cabeza hacer lo que hace, en su propio nombre y en el de sus miembros, ya que ellos y ella no forman sino un mismo ser.

Así, mi divina Cabeza, tú hiciste un santísimo uso de mi ser y de mi vida entera, al cumplir por mí a tu Padre, en tu nacimiento temporal, todos los deberes y homenajes que me hubiera correspondido rendirle con motivo de mi nacimiento. Bendito seas por eso eternamente. Con cuánto me uno a todo cuanto entonces hiciste por mí.

En verdad yo lo ratifico y apruebo con toda mi voluntad y quisiera firmarlo con la última gota de mi sangre, haciendo extensiva esta solemne declaración a todo cuanto has hecho por mí en todos los demás estados y acciones de tu vida, con ánimo de suplir las deficiencias para con la Divina Majestad en los mismos estados y actos similares de la mía.

A imitación tuya, pues, Jesús mío, y en honor y unión del mismo amor que te ha movido a hacerlo todo por ti y por todos tus hermanos, miembros e hijos, y por todas las criaturas, yo deseo, de hoy en adelante, en todos mis ejercicios y en todas mis acciones, rendiros todo el honor y toda la gloria posible, en mi nombre y en el de todos los cristianos, mis hermanos y miembros, como yo, de la misma cabeza y del mismo cuerpo, como también, por todos los hombres y por todas las demás criaturas, indignas o incapaces de amarte, y como si me hubieran encargado de amarte y honrarte en su lugar.

Elevación a la Santísima, Virgen, con motivo de nuestro nacimiento

«Madre de Jesús, te saludo y te venero en el instante de tu purísima Concepción, en tu residencia en el seno bendito de tu dichosa madre y en el momento de tu nacimiento a la vida sobre la tierra.

En ti honro todas tus las santas disposiciones, todo el amor, todas las adoraciones, alabanzas, ofrendas y bendiciones que en tal ocasión le diste a Dios. En honor y unión del amor, de la pureza y de la humildad con que adoraste, amaste y glorificaste a su divina Majestad y le ofreciste tu ser y tu vida, adoro, bendigo y amo a Dios junto contigo, con toda mi alma y con todas mis fuerzas y le consagro y sacrifico para siempre mi vida y mi ser con todas sus pertenencias y propiedades.

Así también, al reconocerte, Virgen Santísima, como Madre de Dios, y por tanto, como mi Dueña y mi Señora, te consagro y te entrego todo mi ser y mi vida entera, y te suplico muy humildemente que ofrezcas a Dios, por mí, el amor, la gloria y los homenajes que le diste en tu nacimiento, en reparación de mis deficiencias, y que hagas que todos los estados, acciones y sufrimientos de mi vida rindan perenne homenaje a todos los estados, acciones y penas de la vida de tu Hijo y de la tuya.

Deberes para con los Ángeles y los Santos, con ocasión de nuestro nacimiento

Después de haber rendido los homenajes indicados anteriormente a Nuestro Señor y a su Santísima Madre, es preciso saludar y honrar al Ángel de la guarda, que nos fue asignado por Dios en nuestro nacimiento, a los Ángeles guardianes de nuestros padres, de la casa, del lugar y de la diócesis a que pertenecemos y al coro de los Ángeles con que Dios tiene dispuesto asociarnos en el cielo, a los Santos del día, del lugar y del país de nuestro nacimiento, con el fin de agradecerles los beneficios que hemos recibido de ellos, para ofrecernos y consagrarnos a ellos con ánimo de honrarlos toda la vida, y para suplicarles que nos ofrezcan a Dios Nuestro Señor y dispongan de nosotros para su glorificación, que, en nombre nuestro, rindan todos los homenajes que hubiéramos debido tributarle en el momento de nuestro nacimiento a la vida, si hubiéramos estado en condiciones de hacerlo.

No debemos olvidar que el Ángel de la guarda, y nuestro patrón celestial, son los llamados a interceder por nosotros ante Dios para obtenernos de su infinita bondad nueva gracia y nuevas fuerzas para comenzar una vida nueva toda ella en lo sucesivo dedicada a la gloria de Dios.

Ejercicio Piadoso, Con Ocasión Del Santo Bautismo

Deberes que hubiéramos debido tributar a Dios en el momento de nuestro bautismo

Habiendo empezado por medio del Santo Bautismo a vivir de verdad, es decir, de la vida que tenemos en Jesucristo, y siendo este divino sacramento el origen de toda nuestra felicidad, de seguro que, de haber tenido entonces el uso de la razón, en el día de nuestro Bautismo, hubiéramos debido rendir a Dios homenajes muy especiales con este motivo.

Más, puesto que entonces no estábamos en posibilidad de hacerlo, es justo tomar cada año algún espacio, con motivo del aniversario de nuestro bautismo, por ejemplo, o en cualquier otro tiempo, si nos resulta más cómodo y oportuno, para ocuparnos de los ejercicios que a continuación vas a leer.

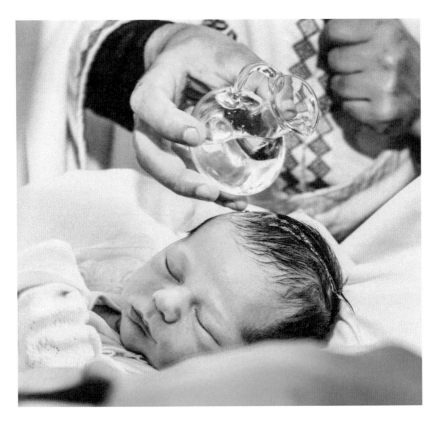

Jesucristo es autor y creador del bautismo. Deberes que tenemos que cumplir para con Jesús, con ocasión del Bautismo.

Jesucristo Nuestro Señor es el autor y creador del santo Sacramento del Bautismo y la fuente de gracias que este sacramento encierra, ya que nos lo adquirió y mereció por su Encarnación, por su propio Bautismo en el río Jordán, por su Pasión y su muerte dolorosa, y nos lo otorgó, y aplicó sus maravillosos frutos de santidad, por su Resurrección admirable, movido del más ardiente amor.

Es, entonces, justo, que le rindamos homenajes especiales con este motivo.

Para esto, nada mejor que recitar de corazón la Elevación siguiente:

Elevación a Jesús Nuestro Señor, con ocasión del Santo Bautismo

«Jesús, te adoro como autor y creador del santo Sacramento del Bautismo, cuyas gracias nos has alcanzado y merecido por tu Encarnación, por tu Bautismo en el Jordán y por tu pasión y muerte dolorosísima.

Igualmente adoro el amor inmenso por el que nos has merecido y otorgado este insigne beneficio y los designios admirables sobre toda tu Iglesia y sobre mí, en particular, con motivo de la institución de este maravilloso sacramento.

Te doy infinitas gracias por toda la gloria que de aquí sacaste para Ti, y por el sinnúmero de gracias espirituales que, con este sacramento, comunicas a tu Iglesia y a mí, en particular, el más indigno de sus miembros.

Te ofrezco y atribuyo toda la gloria y los admirables efectos de santificación que por este medio has obrado en tu Iglesia y te pido perdón del poco uso que he hecho de las gracias del bautismo y por haber desdeñado y frustrado con mi ingratitud y con mis infidelidades en tu servicio su acción santificante y por haber llegado hasta el punto de limpiar en mi alma por mis pecados.

Me doy a ti, buen Jesús: renueva y resucita en mí esta gracia y realiza en mí, por tu gran misericordia, los designios que tuviste sobre mi alma, al instituir el Santo Bautismo.

Jesús, te adoro en el misterio de tu Encarnación, de tu Pasión y de tu muerte por los que nos otorgas la gracia encerrada en este sacramento.

Te adoro especialmente en el misterio de tu bautismo en el Río Jordán y en las disposiciones de tu alma santa al cumplir con este rito y en los designios que con ocasión del mismo tuviste acerca de mí.

¡Qué enorme diferencia, Señor, entre tu bautismo y el nuestro! En el tuyo, cargas con nuestros pecados para expiarlos y hacer penitencia de ellos ante tu Padre en el desierto y en la cruz, y en el nuestro, Tú nos descargas de toda culpa, lavando y borrando nuestras faltas con tu sangre preciosa.

Seas por eso eternamente bendito, bondadosísimo Jesús. Me entrego a ti; cumple, te lo pido, todos los designios que sobre mí tuviste en tu bautismo, es decir, despójame enteramente de todos mis pecados y báñame en tu preciosa Sangre, bautizándome con el bautismo del Espíritu Santo y del fuego con que tu bienaventurado Precursor nos aseguró bautizabas tú, esto es: consume todos mis pecados en el fuego de tu santo amor, con el poder soberano de tu Espíritu Divino.

El nacimiento eterno y el temporal, la muerte, la sepultura y la Resurrección de Jesús son el modelo y ejemplar de nuestra Bautismo.

Deberes que tenemos que tributar a Nuestro Señor con motivo del Bautismo.

Todo lo que existe fuera de Dios, en Él tiene su idea, su ejemplar y su prototipo; y así, nuestro bautismo tiene por prototipo y ejemplar en estos cuatro grandes misterios, a saber:

1) El misterio del nacimiento eterno del Hijo de Dios en el seno del Eterno Padre;

2) El de su nacimiento temporal en el seno de la Virgen;

3) El de su muerte y sepultura;

4) El de su Resurrección.

El misterio de su nacimiento eterno: como su Padre en su generación eterna, le comunica su ser, su vida Y todas sus perfecciones divinas, motivo por el cual es Hijo de Dios y la imagen perfecta de su Padre, así por el santo Bautismo, Él nos comunica el ser y la vida divina que ha recibido de su Padre, imprimiendo en nosotros una imagen viva de sí mismo para hacernos hijos del mismo Padre cuyo Hijo predilecto es El en Persona.

El misterio de su nacimiento temporal: así como en el momento de su Encarnación y de su nacimiento en la Virgen unió nuestra naturaleza a Él y Él se unió a ella, la llenó de sí mismo y se revistió de ella, del mismo modo en el santo sacramento del Bautismo se unió a nosotros juntándonos consigo e incorporándonos a Él, se formó y se encarnó en cierta manera en nosotros, vistiéndonos y colmándonos de Sí mismo, según estas palabra del Apóstol: «*Todos ustedes los que están bautizados en Cristo, se han revestido de Jesucristo*»

(Gal 3,27.

El misterio de su muerte y de su sepultura: San Pablo lo declara terminantemente: «*Todos los que hemos sido bautizados en Jesucristo, lo fuimos en su muerte... y hemos sido sepultados con Él por el bautismo en la muerte»* (Rom 6,3 y 4).

Palabras éstas que en nada difieren de estas otras del mismo Apóstol en su carta a los Colosenses, en el capítulo 3, versículo 3, en que les dice: *«Están ustedes muertos y su vida está escondida en Dios junto con Cristo».*

Esto quiere decir que por el bautismo ustedes han entrado en un estado que los obliga a estar muertos a ustedes mismos y el mundo, y a no vivir ya sino con Jesucristo de una vida enteramente santa y divina, escondida, enterrada y como absorta en Dios, tal cual es la vida de Nuestro Señor Jesucristo.

El misterio de su Resurrección: como el Hijo de Dios, por su resurrección, penetró en una vida nueva íntegramente separada de la tierra y por entero celestial y espiritual, así el Apóstol en el lugar precitado, nos enseña que: *«Hemos sido sepultados junto con Cristo por el Bautismo, a fin de que como Él resucitó después de su muerte para entrar en una nueva vida, también nosotros, después del Bautismo examinemos por una vida totalmente nueva»: «Por el bautismo fuimos sepultados con Cristo en la muerte, de modo que, como Cristo resucitó de entre los muertos por la gloria del Padre, así también nosotros andemos en una vida nueva»* (Rom 6,4).

ELEVACIÓN A JESÚS

Jesús Hijo de Dios e Hijo del hombre, te adoro en tu doble nacimiento eterno y temporal; te doy gracias infinitas por la gloria indecible que en ellos diste a tu Padre celestial.

Adoro los pensamientos y designios que tuviste sobre mi persona en este doble misterio, puesto que desde entonces tuviste fijo en mí tu pensamiento y con amor infinito decidiste formar en mi alma un vivo retrato tuyo y una fiel imagen de tu nacimiento y de tu vida entera.

Porque, así como tu Padre te comunica su vida divina e inmortal, al constituirte su hijo y su imagen perfectísima, del mismo modo ideaste comunicarme tu vida santa y celestial por tu Bautismo y grabar en mi corazón una imagen perfecta y viviente de tu sagrada persona.

Haciendo de mí, por la gracia, lo que tú eres por naturaleza, un verdadero hijo de Dios, y otro Jesucristo por participación y similitud maravillosa. Dios mío, ¿cómo podré yo agradecerte semejante beneficio? Ay de mí, qué culpable soy por haber impedido tantas veces con mis pecados la realización de tus designios sobre mi persona. Perdón, ¡Salvador mío!, de todo corazón te lo imploro y me entrego a ti para que repares mis faltas y renueves en mí esta imagen tuya y la de tu nacimiento y de tu vida.

Sepárame de mí mismo y de todo lo que de ti me aleje, para unirme e incorporarme a ti únicamente. Vacíame de mí mismo y de toda cosa, para que me colmes de ti mismo, estableciendo do sobre todo mi ser tu imperio y dominio soberano.

Haz que yo sea de hoy en adelante una imagen perfecta de ti mismo, así como tú lo eres de tu Padre.

Haz que yo participe de tu amor filial hacia Él, ya que yo también soy hijo suyo; que yo viva de tu propia vida, es decir, de una vida santa y perfecta, verdaderamente digna de Dios, pues, eso es lo que yo he llegado a ser por participación inmerecida que tú en persona me otorgaste.

Y, finalmente, haz que, en tal forma esté yo revestido de ti mismo, de tus cualidades, virtudes y perfecciones y de tal manera transformado en ti que no vean ya sino a Jesús en mí, y que realmente no haya en mí sino su vida, su humildad, su dulzura, su caridad, su amor, su espíritu, y sus virtudes y cualidades restantes, puesto que queréis que yo sea tu «doble», o «alter-ego» en la tierra.

Jesús, te adoro en el misterio de tu muerte, de tu sepultura y de tu Resurrección y te doy gracias por la gloria que en dichos misterios tributaste a tu Padre y por los pensamientos y designios que en ellos tuviste sobre mí. Porque siempre has estado pensando en mí en todos los misterios e instantes de tu vida con miras a mi santificación personal. El designio especial que acerca de mi persona concebiste en este triple misterio de tu muerte, sepultura y resurrección, por el santo Bautismo, fue el de grabar en mi ser una imagen perfecta e imborrable de los mismos misterios, haciéndome morir a mí mismo y al mundo corrompido, ocultándome y sepultándome en ti y con contigo en el

seno de tu Padre y resucitándome y haciéndome revivir como tú de una vida nueva, celestial y divina.

Bendito seas mil veces por todas estas gracias, mi adorado Señor. Pero, ay de mí, que he destruido con mis pecados infinidad de veces estos planes maravillosos de amor y misericordia.

Te pido humildemente perdón por ello y me doy enteramente a ti, adorable Jesús mío, como también al espíritu y poder del misterio de tu muerte, sepultura y Resurrección para que, una vez más, me hagas morir a todo lo creado, me ocultes dentro de ti mismo y me escondas en el seno de tu Padre en unión contigo y entierres mi espíritu en el tuyo, mi corazón dentro de tu Corazón, mi alma en la tuya y mi vida en tu vida.

En una palabra, establece en mí la nueva vida en la que entraste por tu Resurrección para que ya no viva yo sino en ti, por ti y sólo de ti».

Jesucristo es quien nos bautiza por medio de ministro.

Deberes que debemos tributarle con tal motivo y a propósito de las ceremonias del Santo Bautismo

Todos los santos Padres de la Iglesia nos enseñan que Nuestro Señor Jesucristo es quien personalmente nos confiere, por la virtud de su Espíritu, todos los sacramentos en la persona del sacerdote, que lo representa y que en su nombre y bajo su autoridad actúa oficialmente.

Él es quien consagra en la Santa Misa, Él, quien nos absuelve en el tribunal de la Penitencia, y Él también es el que nos bautiza, con diversas ceremonias que preceden y siguen al Bautismo, ceremonias que Él ha inspirado a su Iglesia, llenas todas de misterioso significado y de maravilloso simbolismo.

He aquí los homenajes que debemos tributarle con tal motivo:

ELEVACIÓN A JESÚS, CON OCASIÓN DEL BAUTISMO

«Amabilísimo Jesús mío, yo te adoro y te reconozco como autor, junto con tu sacerdote, de mi Bautismo. Tú eres el autor del sacramento, si bien el instrumento de que te vales para conferirme tu gracia es el sacerdote administrante. Ay, Señor, yo no te conocía entonces, yo no pensaba en ti, yo no te amaba ni, en esos momentos, hacía el menor caso del favor insigne que me otorgabas. Y con todo, no dejabas de amarme, recibiéndome en el número de tus hijos y de tus miembros por medio del Bautismo.

Salvador mío adorado, deseo recordar ahora ese tiempo y feliz momento en que tú me bautizaste para adorarte, bendecirte, amarte y glorificarte infinitas veces, suplicando a tu Eterno Padre, a tu Espíritu Santo, a tu sagrada Madre, a todos tus Ángeles y Santos y a todas tus creaturas que te bendigan, te amen y te den gracias por mí eternamente.

Jesús, te adoro como autor e inspirador de todas las ceremonias y ritos que acompañan la administración solemne del Santo Bautismo. Adoro todos tus designios al instituir este santo Sacramento y me doy a ti para que en mí se cumplan a cabalidad, operando en mi ser tu gracia misericordiosa todos los frutos maravillosos que en su institución te propusiste.

Bondadoso Jesús, ahuyenta de mi corazón el espíritu maligno, y lléname de tu Espíritu Santo, Dame una fe viva y perfecta. Fortalece mis sentidos y facultades superiores con la virtud de tu santa cruz contra toda tentación y peligro, consagrándolos a tu servicio. Llena mi boca de tu sabiduría divina, esto es, de ti mismo, produciendo en mí ser una sed y un hambre devoradora de poseerte, ya que tú eres el único alimento espiritual que puede saciar mis ansias, que nada ni nadie fuera de ti puede llenar. Consérvame en el regazo de tu Iglesia santa como en el seno de mi madre, pues fuera de ella no puede haber vida y salvación para mí, y hazme apreciar y amar todas sus prácticas y ceremonias, que tú mismo le inspiraste, y respetar y obedecer todas sus leyes y preceptos maternales, fiel interpretación de tu divino querer, y seguir en todo sus máximas, sus normas y su espíritu, que son los mismos de tu adorable Persona.

Buen Jesús, abre mis oídos a tu palabra como lo hiciste con los de aquel pobre sordomudo al contacto de tu sagrada saliva y ciérralos enteramente a las voces engañosas del mundo y del demonio, y haz que donde quiera que yo vaya, me acompañe el grato olor de los hijos de Dios.

Úngeme con el óleo santo de tu gracia, y concédeme una firme e imperturbable paz contigo y con mis semejantes. Revísteme la blanca túnica de tu inocencia y de pureza divina. Disipa las tinieblas de mi espíritu iluminando todo mi ser con tus luces celestiales y abrasándolo en el fuego de tu amor inefable para que yo mismo me transforme en antorcha viva y luciente que ilumine y encienda con la luz de tu conocimiento y con la llama de tu amor a todos aquellos que vivan en mi compañía.

Finalmente, te suplico que me concedas la gracia de que, así como por mi bautismo he sido motivo de regocijo para todos los habitantes del Cielo, para tu santísima Madre, para tu Espíritu Santo y para tu Eterno Padre, al verme por la gracia del Sacramento liberado del yugo de satanás para ser admitido en la sociedad divina de los Ángeles, y Santos y aún de las Tres Divinas Personas, por cuya razón repicaron las campanas de mi iglesia después de la sagrada ceremonia, así también yo viva en lo sucesivo de suerte que continúe siendo motivo de gozo y alegría para todos tus Ángeles y Santos, para tu Madre santísima, y para toda la beatísima Trinidad, y que ponga toda mi dicha en servirte y amarte con toda perfección».

Profesión solemne del cristiano en el Santo Bautismo

Ya hemos visto cuales son los votos y la profesión solemne y pública que todos los cristianos hacen con ocasión del Bautismo. Así pues, y para no repetir, me contentaré ahora con recordarte esas ideas poniéndolas en forma de Elevación que te servirá para renovar cada año, ojalá en el aniversario de tu Bautismo, la Profesión de fe que entonces a nombre tuyo hicieron tus padrinos ante Dios Nuestro Señor.

ELEVACIÓN A JESÚS, PARA RENOVAR LAS PROMESAS DEL BAUTISMO

Jesús, Señor y Dios mío, te adoro como a mi Jefe y Cabeza, que en todo debo seguir e imitar, como lo prometí solemne y públicamente en el Bautismo, por boca de mis padrinos, quienes ante la faz del cielo y de la tierra declararon que yo renunciaba irrevocablemente a Satanás, a sus obras y a sus pompas, esto es, al mundo y al pecado, para unirme estrechamente a ti, mi Cabeza y mi Jefe, y para darme y consagrarme por entero a ti, con ánimo de permanecer así unido a ti por siempre jamás.

Estas son promesas de gran importancia y que me obligan como cristiano a una gran perfección y santidad, porque hacer profesión de vivir en ti y unido a ti como a mi propia Cabeza, es hacer profesión de no constituir sino un solo ser contigo, como los miembros y la cabeza de un mismo cuerpo no forman juntos sino un solo ser orgánico, es hacer profesión de no tener con sino la misma vida contigo, el mismo espíritu, el mismo corazón, la misma alma, el mismo ideal y las mismas devociones y disposiciones.

Es, por consiguiente, hacer profesión no sólo de pobreza, o de castidad, o de obediencia, sino de ti mismo, es decir, de tu vida, de tu espíritu, de tu humildad, de tu caridad, de tu pureza, de tu pobreza, de tu obediencia, y, en general, de todas tus virtudes.

En una palabra, es hacer la misma profesión que tú hiciste ante tu Padre desde el momento de tu Encarnación, y que con toda perfección cumpliste en toda tu vida, a saber: no hacer nunca la propia voluntad, sino poner toda la felicidad en el cumplimiento de la voluntad divina, en una perpetua sumisión a Dios, y a los hombres por amor de Dios,

25

y en vivir en continuo estado de víctima inmolada a la gloria de Nuestro Señor.

Tal es el voto y tal la promesa que yo hice en mi Bautismo, oh Jesús mío. ¡Y qué santa y divina es esta profesión! Pero ¡qué distante de la perfección y santidad que ella me impone ha sido hasta hoy mi vida de cristiano! ¡Cuántas veces he quebrantado mis promesas bautismales! ¡Perdón, oh Dios mío, perdón! Divino Reparador mío, repara, te lo suplico, todas mis deficiencias y en satisfacción de ellas, ofrece a tu Padre todo el honor que le tributaste en tu vida con el perfecto cumplimiento de la profesión que le hiciste el día de tu Encarnación.

Jesús mío, en honor y unión del inmenso amor con que hiciste esta profesión, quiero hacer ahora personalmente lo que en mi Bautismo hice por intermedio de mis padrinos, renovando yo mismo la Profesión que ellos en esa fecha hicieron en nombre mío.

Así pues, en virtud del poder de tu Espíritu y de tu amor, yo renuncio para siempre a Satanás, al pecado, al mundo y a mí mismo. Me entrego a ti, Jesús, para unirme estrechamente a ti, para permanecer unido a ti y para no formar contigo sino un mismo ser, con un mismo espíritu, con un mismo corazón y con una misma vida. Me entrego a ti para no hacer jamás mi voluntad sino sólo la tuya. Me ofrezco, me consagro y me dedico por entero a ti como eterno servidor de tu adorable Persona y de todos los hombres por amor ti. Una vez más me entrego a ti, y me consagro y me inmolo en calidad de hostia y de víctima sacrificándome enteramente a tu gloria como mejor te plazca. Bondadosísimo Jesús, concédeme la gracia, te lo ruego por tu infinita misericordia, de cumplir a satisfacción esta solemne promesa. Pero será mejor que tú mismo la cumplas en mí y por mí, o más bien, por ti mismo y por tu propia satisfacción, y según toda la perfección que queréis, pues yo me ofrezco a ti para hacer y sufrir con este objeto todo cuanto sea de tu agrado».

Hemos sido bautizados en el nombre de la Santísima Trinidad.

Homenajes que tenemos que rendir a las Tres Divinas Personas por este motivo Nuestro Señor Jesucristo es quien nos ha bautizado, y lo ha hecho en nombre y por la virtud de la Trinidad Beatísima, ya que las tres Divinas Personas están presentes a nuestro Bautismo de una manera muy especial.

Ahí está el Padre engendrando a su Hijo en nosotros y a nosotros en su Hijo, es decir, confiriendo un nuevo ser y una nueva vida a su Hijo en nosotros, y dándonos a nosotros un nuevo ser y una vida nueva en su Hijo.

Está también el Hijo, pues nace y comienza a vivir en nuestras almas, comunicándonos su divina filiación con la que nos hace hijos de Dios. Y está igualmente presente el Espíritu Santo, formando a Jesús, en el seno de nuestras almas así como lo formó en el de María Santísima. Él Padre, el Hijo y el Espíritu Santo se hacen presentes en nuestro Bautismo para desprendernos de todas las creaturas y consagrarnos a su servicio de una manera especialísima, imprimiendo en nosotros su divino carácter y su imagen adorable, y fijando en nosotros, que somos templo, tabernáculo y trono viviente de su amor, su morada de gloria y el reino de su vida.

De manera que, si nuestros pecados no lo impidieran, estas tres eternas y divinas Personas morarían siempre en nosotros en forma maravillosa e inefable, dándose, así, una gloria admirable, reinando y viviendo en nuestros corazones con una vida santísima y realmente divina. Y así es, como por el Bautismo llegamos a pertenecer por entero a Dios y a estar a consagrados sólo a él, de tal manera que no podamos ya dedicarnos a otra cosa que a su servicio y a su gloria. Con este objeto será bueno rendirle los debidos homenajes, por medio de la siguiente elevación.

Elevación a la Santísima Trinidad

«Trinidad santa y adorable, te adoro en tu divina esencia y en tus tres Personas eternas. Te adoro presente en mi Bautismo, y adoro también todos los designios que con tal motivo tuviste acerca de mi persona. Te pido perdón por los obstáculos que he puesto a su realización, y como reparación te ofrezco toda la vida, las acciones y los sufrimientos de Jesucristo y de su Madre Santísima.

Me entrego a ti, Divina Trinidad, para la cabal realización de tus designios. Padre Eterno, Hijo Único de Dios, Espíritu Santo del Padre y del Hijo, vengan a mí, vengan a mi corazón y a mi alma para que me separen de cuanto exista fuera de ustedes. Vivan y reinen en mí.

Aniquilen todo lo que en mi ser les desagrade y ofenda, y hagan que todo él se consagre por siempre a la pura y única gloria de ustedes».

Rosario de la Santísima Trinidad

Mientras celebras así el recuerdo del día de tu Bautismo en el nombre de la Santísima Trinidad, sería muy conveniente, para rendir un homenaje de especial significado a este excelso misterio, recitar el Rosario de la Santísima Trinidad que consta de tres decenas y tres granos o cuentas al final de cada decena, en honor de las tres divinas Personas.

Para comenzarlo dirás tres veces: «Ven, Santísima Trinidad», para invocar y llamar a nuestra memoria, inteligencia y voluntad al Padre, al Hijo y al Espíritu Santo, y para que te entregues a ellos, a fin de que destruyan en ti cuanto se opone a su gloria, y para que se glorifiquen a sí mismos dentro de ti, según su voluntad.

En cada pequeña cuenta se dirá: «Gloria al Padre, y al Hijo y al Espíritu Santo, como era en un principio, ahora y siempre y por todos los siglos de los siglos. Amén», y, al decir esta oración, ofrece a las tres divinas Personas toda la gloria que desde toda la Eternidad ellas se han tributado por sí mismas, y la que por toda la eternidad les será rendida en la tierra y en el cielo por todas las creaturas del universo, en satisfacción de las faltas que hemos cometido contra su gloria en toda nuestra vida.

En las cuentas mayores, correspondientes a los "Glorias" del Rosario, dirás con todo fervor y con las mismas intenciones: « ¡A Ti alabanza, a Ti gloria, a Ti amor, Santísima Trinidad!»

Para finalizar este ejercicio con ocasión del Santo Bautismo, es preciso dar gracias a Nuestro Señor por los beneficios que te ha hecho por medio de tan gran sacramento, pedirle perdón de las faltas que has cometido en él, ofrecerte a la Santísima Virgen, a tu Ángel Custodio, a los Ángeles testigos de tu Bautismo, al Santo que te ha honrado con su nombre y, en general, a todos los Ángeles y Santos del cielo.

Súplica que te ofrezcan a Jesús, le den gracias por ti y le rindan en tu lugar los homenajes que tú hubieras debido darle en el día de tu Bautismo, si hubieras estado en condición de hacerlo, y que te alcancen de él la gracia de cumplir a cabalidad todos tus buenos deseos y santas resoluciones que te haya inspirado en este devoto ejercicio.

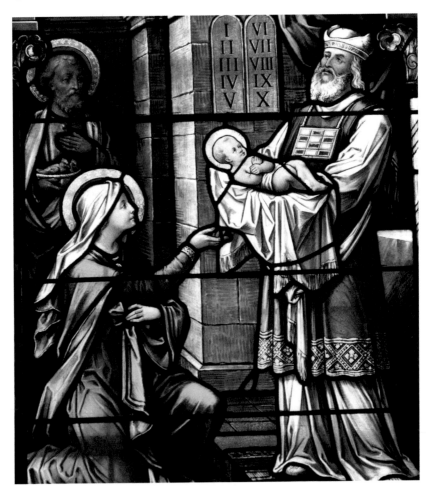

CONCLUSIÓN DEL EJERCICIO DEL BAUTISMO

Actos de amor a Jesús en su nacimiento y en su santa infancia

«Oh Jesús!, Eres solo todo amor en todos los momentos, estados y misterios de tu vida, pero muy especialmente irradias amor y dulzura infinita en tu nacimiento y durante el tiempo de tu niñez encantadora. Que tu ame, pues, en este momento y en este estado y que el cielo y la tierra se unan a mí para amarte y que el mundo entero se convierta en una inmensa hoguera de amor a su Creador y a su Dios, todo dulzura y amor, en la hora de su nacimiento y en todo el tiempo de su Infancia adorable. »

« ¡Oh amabilísimo Niño Jesús!, naciste por amor y para amar y ser amado, y amas mucho más a tu Padre en el momento de tu nacimiento que todos los Ángeles y que todos los hombres reunidos lograrían amarlo en toda la eternidad. »

«Igualmente tu Padre te ama en este, mundo infinitamente más de lo que ha amado y habrá de amar jamás a todos los hombres y a todos los Ángeles reunidos. Oh Jesús!, te ofrezco todo el amor con que tu Padre te amó en tu nacimiento junto con el que te tributaron tu Espíritu Santo, tu dignísima Madre, San José, San Gabriel y todos los Ángeles y Santos que tuvieron particular participación en este amabilísimo misterio».

Estos actos de amor acerca del nacimiento y de la Infancia de Jesús te bastarán para facilitarte el modo de hacer otros de tu propia invención sobre los demás estados y misterios de la vida de Jesús.

APÉNDICE

A Note on the Translator

In late 1941, the young **Thomas Merton** left his existence in the world to seek the freedom of cloistered life.

At the Trappist Abbey of Our Lady of Gethsemani novices were immersed in work and silence for two years before beginning serious study. Because of his mastery of language, one assignment given to the young frater (as novices were then called) was to translate certain spiritual classics from French. During Lent of 1943, he was given *The Life and Kingdom of Jesus* by St. John Eudes with an aggressive deadline for completion. His early autobiography describes the harrowing work:

> "After the Conventual Mass, I would get out book and pencil and papers and go to work at one of the long tables in the novitiate scriptorium, filling the yellow sheets as fast as I could, while another novice took them and typed them as soon as they were finished."[1]

Despite this pressure from the publisher, the project was completed on time. Merton's superior called the finished product "the best translation of any of the works of St. John Eudes that he had seen."[2] Archbishop Fulton Sheen agreed in his introduction to this edition of *The Kingdom*, exulting that the spiritual treatise was "now so ably translated into English."[3]

This took place years before Merton's "Seven Storey Mountain" was released to the public, so his name did not yet hold great value to the publishers. In the spirit of humility and silence, Merton accepted for his translation to be attributed simply to "A Trappist Father in The Abbey of Our Lady of Gethsemani."[4]

1   Thomas Merton, *The Seven Storey Mountain* (New York: Harcourt, Brace & Company, 1948), 401.

2   Benjamin Clark, OCSO, "Thomas Merton's Gethsemani: Part 1, the Novitiate Years," *The Merton Annual, vol. 4* (1991): 250.

3   Fulton J Sheen, Introduction to *The Life and Kingdom of Jesus in Christian Souls,* by St. John Eudes (New York: PJ Kennedy & Sons, 1946), xix.

4   The attribution to a "Trappist *father*" is curious given that Merton would not be ordained until 1949. However, there is no doubt that the work is his. Fr. Benjamin Clark OCSO was the "other novice" referred to in the Seven Storey Mountain. Fr. Clark recalls:
    "I remember one such assignment which Merton records (SSM, p. 401). Gethsemani had entered a contract to translate the work of St. John Eudes for the publication of a new edition. Several of the monks had been assigned volumes to translate, and Merton was given The Kingdom of Jesus in Christian Souls. The publishers had allowed only a short time for the work to be completed and so I was assigned to help Merton meet the deadline. I typed the finished copy in triplicate as Merton dashed off the original on sheets of yellow paper." "Thomas Merton's Gethsemani," p. 249.

Acerca de San Juan Edues

Nacido en Francia el 14 de noviembre de 1601, la vida de San Juan Eudes abarcó el "Gran Siglo". La "Era del Descubrimiento" había revolucionado la tecnología y la exploración; el Concilio de Trento inició una reforma que era muy necesaria en la Iglesia; entre la gente común, era el comienzo de una edad de oro de santidad y fervor místico.

Su herencia espiritual

No menos de siete Doctores de la Iglesia habían vivido en el siglo anterior. Grandes reformadores como San Francisco de Sales, Santa Teresa de Ávila y San Juan de la Cruz habían dejado una marca

indeleble en la fe católica. Su influencia aún estaba fresca cuando San Juan Eudes entró en escena.

Fue educado por los jesuitas en la zona rural de Normandía. Fue ordenado sacerdote en el Oratorio de Jesús y María, una sociedad de sacerdotes que acababa de fundarse según el modelo del Oratorio de San Felipe Neri en Roma. El fundador fue el cardenal Pierre de Bérulle, un hombre reconocido por su santidad y nombrado "el apóstol del Verbo Encarnado" por el Papa Urbano VII. Completando el legado de San Juan Eudes está la influencia de los Carmelitas Descalzos. Su director espiritual, el propio Cardenal Bérulle, había traído hermanas del convento de Santa Teresa de Ávila para ayudar a fundar el Carmelo en Francia. Juan Eudes más tarde se convertiría en director espiritual de un convento carmelita. Su claustro oraba constantemente por su actividad misionera.

Su vida de ministerio

Como un ávido participante en una ola de re-evangelización en Francia, el apostolado principal de San Juan Eudes fue predicar misiones parroquiales. Pasando entre 4 y 20 semanas en cada parroquia, predicó más de 120 misiones a lo largo de su vida, siempre con un equipo de confesores que ofrecían los sacramentos durante todo el día y catequistas que se reunían diariamente con pequeños grupos de feligreses.

Al principio de su sacerdocio, un brote de peste golpeó la región natal de San Juan Eudes, los que hizo que se apresurara a ir y dar los sacramentos a los moribundos. El riesgo de contagio era tan grande que nadie más se atrevía a acercarse a las víctimas. Para proteger a sus hermanos Oratorianos del contagio, San Juan Eudes tomó residencia en un gran barril de sidra vacío fuera de las murallas de la ciudad hasta que la plaga terminó.

Sus fundaciones

Durante sus misiones, escuchó un sinnúmero de confesiones, incluidas las de mujeres obligadas a prostituirse. Al darse cuenta de que necesitaban una sanación y apoyo intenso, comenzó a fundar "Casas de refugio" para ayudarlos a salir de la calle y comenzar una nueva vida. En 1641 fundó las Hermanas de Nuestra Señora de la Caridad del Refugio para continuar con este trabajo. Las hermanas vivían con ellas y contantemente les brindarían apoyo. Hoy, estas hermanas son conocidas como las Hermanas del Buen Pastor, inspiradas por su cuarto voto de celo por salir a buscar a la "oveja perdida".

Ocasionalmente, San Juan Eudes regresaba al sitio de una misión anterior. Para su consternación, descubrió que los frutos de la misión se desvanecían constantemente por falta de apoyo. La pieza crucial en la necesidad de cambio fue el sacerdocio. En ese momento, la única forma de capacitarse como sacerdote era a través del aprendizaje. El resultado de este entrenamiento fue tan horriblemente inconsistente que el término "hocus pocus" fue inventado durante este tiempo para describir el latín corrupto usado por sacerdotes muy poco entrenados durante la consagración en la misa. En 1643 dejó el Oratorio y fundó la Congregación de Jesús y María para fundar un seminario. La formación en el seminario era un concepto radicalmente nuevo que acababa de proponer el Consejo de Trento.

Su marca en la iglesia

En una misión en 1648, San Juan Eudes celebró la primera misa de la historia en honor del Corazón de María. En 1652 construyó la primera iglesia bajo el patronazgo del Inmaculado Corazón: la capilla de su seminario en Coutances, Francia. Durante el proceso de su canonización, el Papa San Pío X nombró a San Juan Eudes como "el padre, doctor y apóstol de la devoción litúrgica a los Sagrados Corazones de Jesús y María". Al Corazón de Jesús porque él también celebró la primera Fiesta del Sagrado Corazón en 1672, justo un año antes de que Santa Margarita María Alacoque tuviera la primera aparición del Sagrado Corazón.

Aunque su devoción mariana fue intensa desde una tierna edad, la inspiración principal para esta fiesta vino de la teología del bautismo de San Juan Eudes. Desde el comienzo de su carrera misionera, enseñó que Jesús continúa su encarnación en la vida de cada cristiano bautizado. Cuando nos entregamos a Cristo, nuestras manos se convierten en Sus manos, nuestro corazón se transforma en Su corazón. María es el último ejemplo de esto. Dio su corazón a Dios tan completamente que ella y Jesús tienen un solo corazón entre ellos. Por lo tanto, quien ve a María, ve a Jesús y el que honra el corazón de María nunca está separado de honrar el corazón de Jesús.

¿Doctor de la iglesia?

Al momento de escribir este libro, los Obispos de todo el mundo han pedido que el Vaticano proclame a San Juan Eudes como un Doctor de la Iglesia. Esto reconocería su contribución única a nuestra comprensión del Evangelio y su ejemplar santidad de vida que se destaca incluso entre los santos. Para obtener más información sobre el progreso de esta causa, sobre sus escritos o espiritualidad, o para inscribirse en las actualizaciones de nuestro boletín electrónico, póngase en contacto con spirituality@eudistsusa.org.

Acerca de la familia Eudista

Durante toda su vida, la actividad misionera de San Juan Eudes tuvo tres áreas principales de enfoque:

- Para los sacerdotes, proporcionó formación, educación y el apoyo espiritual que es crucial para su papel en el plan de salvación de Dios.
- Para las prostitutas y otras personas al margen de la sociedad, les dio un hogar y les curó las heridas, como el Buen Pastor con su oveja perdida.
- Para los laicos, predicó la dignidad de su bautismo y su responsabilidad de ser las manos y los pies de Dios, para continuar la Encarnación.

En todo lo que hizo, se quemó con el deseo de ser un ejemplo viviente del amor y la misericordia de Dios.

Estos son los "valores familiares" que continúan inspirando a quienes continúan su trabajo. Parafraseando a San Pablo, Juan Eudes sembró semillas, que otros regaron a través de las instituciones que él fundó, y Dios dio el crecimiento. Hoy, el árbol genealógico sigue dando frutos:

La Congregación de Jesús y María (CJM), también conocida como Los Eudistas, continúa el esfuerzo de formar y cuidar a los sacerdotes y otros líderes dentro de la Iglesia. San Juan Eudes llamó a esto la misión de "enseñar a los maestros, pastorear a los pastores e iluminar a los que son la luz del mundo". Continuando con sus esfuerzos como predicador misionero, los sacerdotes y hermanos Eudistas "audazmente buscan abrir nuevas avenidas" para la evangelización, "a través de la televisión, la radio y los nuevos medios".

Las Religiosas del Buen Pastor (RBP) continúan alcanzando a las mujeres en situaciones difíciles, proporcionándoles un lugar de refugio y sanación profundamente necesario, mientras buscan una nueva vida. Santa María Eufrasia expandió grandemente el alcance de esta misión que ahora opera en más de 70 países en todo el mundo. Una verdadera heredera de San Juan Eudes que exhortó a sus hermanas: "Debemos ir tras la oveja perdida sin otro descanso que la cruz, ni otro consuelo que el trabajo, y ninguna otra sed que la justicia".

En cada seminario y Casa de Refugio fundada por San Juan Eudes, él también estableció una Confraternidad del Corazón de Jesús y María para los laicos, ahora conocidos como los Asociados Eudistas. La misión que les dio fue doble: Primero, "glorificar los corazones divinos de Jesús y María ... trabajando para hacerlos vivir y reinar en su propio corazón a través de la imitación diligente de sus virtudes". Segundo, "trabajar por la salvación" de almas ... practicando, de acuerdo con sus habilidades, obras de caridad y misericordia y logrando numerosas gracias mediante la oración por el clero y otros trabajadores apostólicos ".

Las Hermanitas de los Pobres fueron una consecuencia de esta cofradía. Santa Jeanne Jugan se formó como una mujer consagrada dentro de la Familia Eudista. Ella descubrió la gran necesidad de amor y misericordia entre los pobres y los ancianos, y la misión adquirió vida propia. Les transmitió la intuición Eudista de que los pobres no son simplemente receptores de la caridad, sino que proporcionan un encuentro con la propia Caridad: "Hijitos míos, nunca olviden que los pobres son Nuestro Señor ... Al servir a los ancianos, es Él A quien sirves ".

Un último "brote" en el árbol fue fundado por la Madre Antonia Brenner en Tijuana, México. Después de criar a sus hijos en Beverly Hills y sufrir el divorcio, siguió el llamado de Dios para convertirse en una ministra de prisión interna en la penitenciaría de La Mesa en Tijuana, México. *Las Siervas Eudistas de la Undécima Hora* se fundaron para que otras mujeres en la última parte de sus vidas pudieran imitarla en "ser amor" a los más necesitados.

El ejemplo que San Juan Eudes estableció para vivir el Evangelio ha inspirado a muchas más personas y organizaciones en todo el mundo. Para obtener más información acerca de la familia Eudista, noticias sobre próximas publicaciones o formas de compartir nuestra misión, contáctenos en spirituality@eudistsusa.org.

El corazón de la familia sagrada: Un manual de oraciones

Estos son extractos de *La vida y el reino de Jesús: un tratado sobre la perfección cristiana para uso del clero y laicos,* publicado en español por Editorial San Juan Eudes, 1956.

La vida y el reino de Jesús, así como otros títulos de esta serie, *Más que 50 pepitas, Una semana santa cada semana, 34 Llamas del amor divino, En el umbral de la vida y En el umbral de la eternidad, escritos* por San Juan Eudes son disponibles en la librería eudista a www.bit.ly/SJEudes

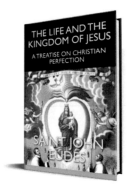

Más de Eudist Press International

- *Un corazón en llamas: San Juan Eudes, modelo para la nueva evangelización*
- *Itinerario espiritual para hoy con San Juan Eudes*
- *Leccionario eudista: una cartilla sobre San Juan Eudes*

Serie "Devocionarios Eudistas"

- Volumen 1: *Corazón de la sagrada familia:*
  Un manual de oracion
- Volumen 2: *Más que 50 pepitas:*
  Meditaciones del rosario para el año litúrgico.
- Volumen 3: *Una semana santa cada semana:*
  Meditaciones diarias para la semana
- Volumen 4: *34 llamas del amor divino:*
  Elevaciones del corazón hacia dios
- Volumen 5: *En el umbral de la vida:*
  Un retiro autodirigido para celebrar tu cumpleaños
- Volumen 6: *En el umbral de la eternidad:*
  Un retiro autodirigido para prepararse para una muerte feliz

Biografía

- *San Juan Eudes: obrero para la nueva evangelización en el siglo XVII*
- *En todas las cosas, la voluntad de Dios: San Juan Eudes a través de sus cartas*

Más de St. John Eudes

Obras seleccionadas de St. John Eudes

- *La vida y el reino de Jesús en las almas cristianas*
- *El Sagrado Corazón de Jesús*
- *El admirable corazón de María*
- *El sacerdote: su dignidad y sus obligaciones.*
- *Meditaciones*
- *Cartas y obras más cortas.*

Otros trabajos

- *Contrato del hombre con Dios en el santo bautismo*
- *La maravillosa infancia de la Madre de Dios*

Made in the USA
Middletown, DE
02 February 2022

60164727R10029

Esta serie consta de extractos de la obra más extendida de San Juan Eudes: *La vida y el reino de Jesús en las almas cristianas.*

El mismo San Vicente de Paul estaba lleno de admiración por los frutos derivados de las misiones de San Juan Eudes ... fue llamado la maravilla de su época.

— PAPA SAN PÍO X
Roma, 25 abril, 1909

Entre los gigantes espirituales se eleva la figura de San Juan Eudes... En este clásico espiritual, el lector encontrará la respuesta a la pregunta "¿Qué significa ser cristiano?"

— VEN. ARZOBISPO FULTON J. SHEEN
Universidad Catolica de America, 20 junio, 1945

El camino de santidad que recorrió [San Juan Eudes] y propuso a sus discípulos tenía como fundamento una sólida confianza en el amor que Dios reveló a la humanidad en el Corazón sacerdotal de Cristo y en el Corazón maternal de María... Nos exhortó:

"Entréguense a Jesús para entrar en la inmensidad de su gran Corazón, que contiene el Corazón de su santa Madre y de todos los santos, y para perderse en este abismo de amor, de caridad, de misericordia, de humildad, de pureza, de paciencia, de sumisión y de santidad"...

Para él, como para nosotros, es un verdadero punto de partida para una auténtica reforma de la vida... e igualmente es el punto fundamental para que la "nueva evangelización" no sea sólo un eslogan atractivo, sino que se traduzca en realidad.

— PAPA BENEDICTO XVI
Roma, 19 agosto, 2009

Los hombres y mujeres de hoy pueden aprender mucho de las enseñanzas de este sacerdote misionero, este trabajador para la nueva evangelización en el siglo XVII.

— CARDENAL LUÍS ANTONIO TAGLE
Arquidiócesis de Manilla, 12 octubre, 2016

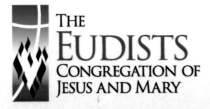
THE EUDISTS
CONGREGATION OF JESUS AND MARY

EUDIST PRESS
INTERNATIONAL

744 Sonrisa Street
Solana Beach, California 92075
www.eudistsusa.org

ISBN 9781733067447

9000

9 781733 067447